AF201398

Impressum
Verlag: BABADADA GmbH, Nedderfeld 112 , 22529 Hamburg
Geschäftsführer / Verlagsleitung: Harald Hof
Druck: Books on Demand GmbH, In de Tarpen 42, 22848 Norderstedt

Imprint
Publisher: BABADADA GmbH, Nedderfeld 112 , 22529 Hamburg, Germany
Managing Director / Publishing direction: Harald Hof
Print: Books on Demand GmbH, In de Tarpen 42, 22848 Norderstedt, Germany

sekolah
школа

ruang kelas
класна кімната

membagi
ділити

186/2

papan
дошка

halaman sekolah
шкільний двір

guru
вчитель

kertas
папір

menulis
писати

pena
ручка

meja kerja
письмовий стіл

penggaris
лінійка

buku
книга

murit
учень

tas sekolah

ранець

tempat pensil

пенал

pensil

олівець

pengasah pensil

точило

penghapus

гумка

kertas gambar

альбом для малювання

gambar

малюнок

kuas

пензель

kotak cat

коробка фарб

gunting

ножиці

lem

клей

buku latihan

зошит

pekerjaan rumah

домашнє завдання

angka

число

2+2

tambhakan

додавати

mengurangi

віднімати

mengalikan

множити

menghitung

рахувати

huruf

літера

alfabet

абетка

kata

слово

teks

текст

membaca

читати

kapur

крейда

pelajaran

година

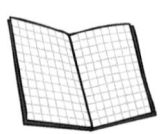

daftar

класний журнал

ujian

екзамен

sertifikat

диплом

seragam sekolah

шкільна форма

pendidikan

освіта

ensiklopedi

лексикон

universitas

університет

mikroskop

мікроскоп

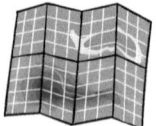

peta

карта

tempat sampah

кошик для паперу

perjalanan
подорож

Grand
hotel
готель
hostel
турбаза
ROOMS
EXCHANGE
kantor pertukaran mata uang
обмінний пункт
koper
валіза
mobil
автомобіль

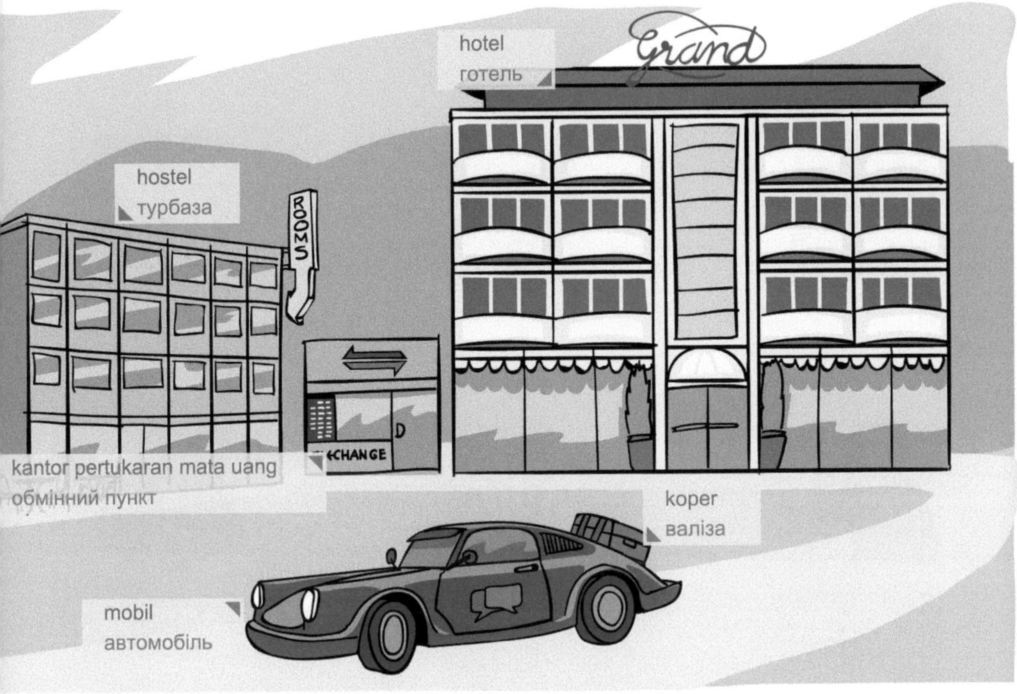

bahasa
мова

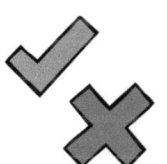

ya / tidak
так / ні

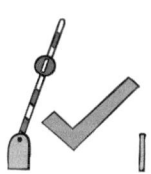

okay
добре

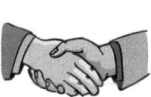

hallo
привіт

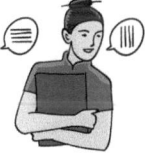

penerjemah
перекладач

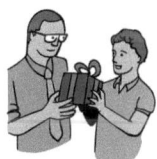

terima kasih
дякую

Berapa harganya...?

Скільки коштує ...?

saya tidak mengerti

Я не розумію

masalah

проблема

Selamat malam!

Добрий вечір!

Selamat siang!

Доброго ранку!

Selamat tidur!

На добраніч!

sampai jumpa

До побачення

arah

напрямок

bagasi

багаж

tas

сумка

ransel

рюкзак

tamu

гість

ruang

кімната

kantong tidur

спальний мішок

tenda

намет

informasi wisata

туристична інформація

pantai

пляж

kartu kredit

кредитна картка

sarapan

сніданок

makan siang

обід

makan malam

вечеря

tiket

квиток

elevator

ліфт

perangko

поштова марка

perbatasan

межа

cukai

митниця

kedutaan

посольство

visa

віза

paspor

паспорт

transportasi

транспорт

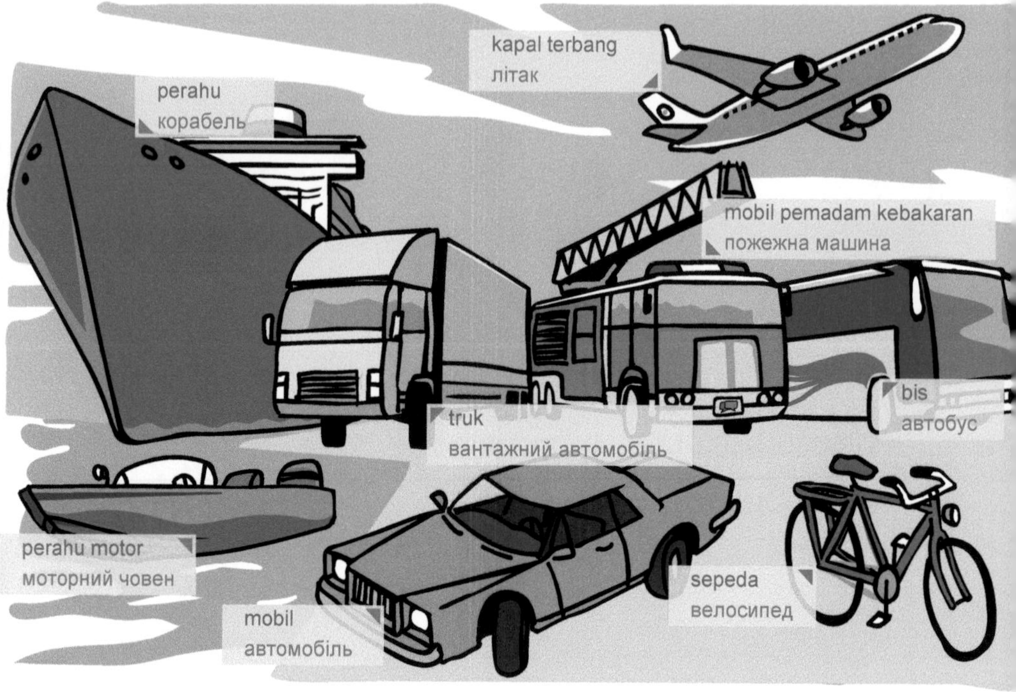
kapal terbang
літак
perahu
корабель
mobil pemadam kebakaran
пожежна машина
truk
вантажний автомобіль
bis
автобус
perahu motor
моторний човен
sepeda
велосипед
mobil
автомобіль

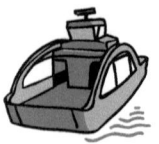

feri
....
пором

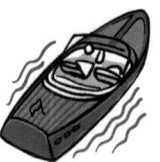

perahu
....
човен

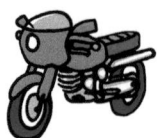

sepeda motor
....
мотоцикл

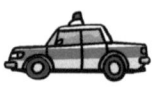

mobil polisi
....
поліцейська машина

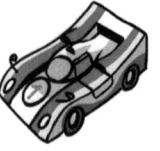

mobil balapan
....
гоночний автомобіль

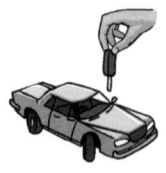

mobil sewa
....
автомобіль на прокат

berbagi mobil

спільне користування авто

truk derek

евакуатор

truk sampah

сміттєвоз

motor

двигун

bahan bakar

паливо

bensin

автозаправна станція

tanda lalulintas

дорожній знак

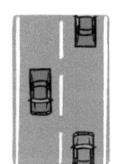

lalulintas

рух

macet

затор

parkir mobil

стоянка

stasiun kereta

вокзал

trek

рейки

kereta api

потяг

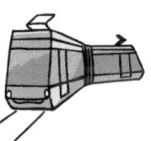

tram

трамвай

gerobak

вагон

helikopter

гелікоптер

bendara

аеропорт

menara

вежа

penumpang

пасажир

container

контейнер

karton

коробка

troli

візок

keranjang

кошик

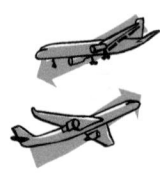

berangkat / mendarat

стартувати / приземлятися

kota

місто

desa

село

pusat kota

центр міста

rumah

дім

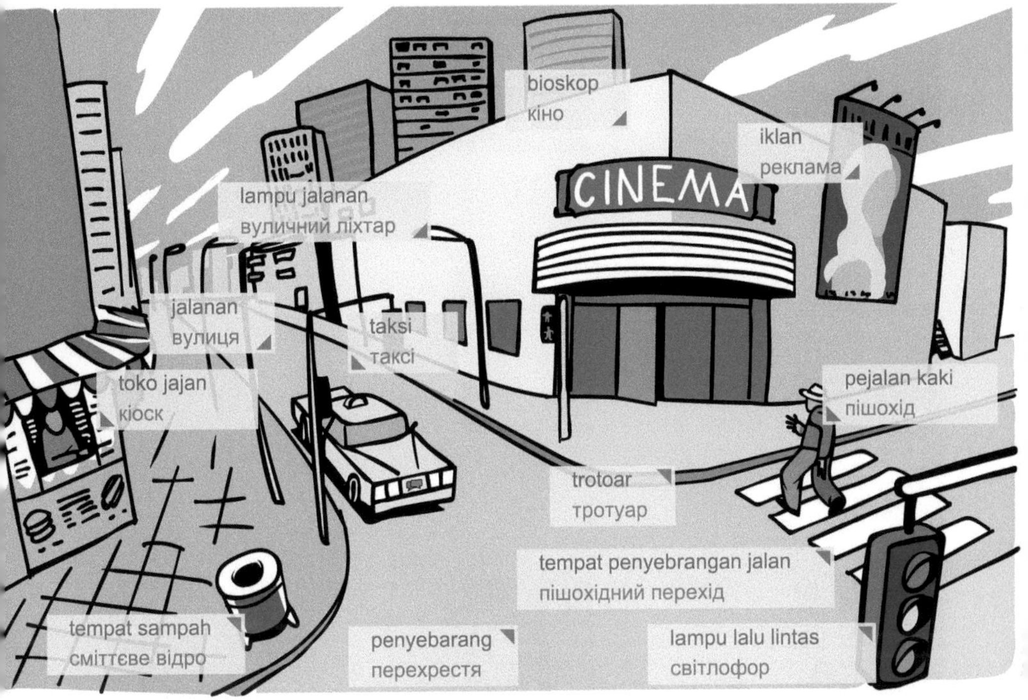

bioskop
кіно

iklan
реклама

lampu jalanan
вуличний ліхтар

CINEMA

jalanan
вулиця

taksi
таксі

toko jajan
кіоск

pejalan kaki
пішохід

trotoar
тротуар

tempat penyebrangan jalan
пішохідний перехід

tempat sampah
сміттєве відро

penyebarang
перехрестя

lampu lalu lintas
світлофор

gubuk

хатина

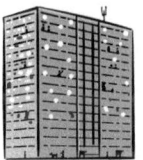

rumah flat

квартира

stasiun kereta

вокзал

balai kota

ратуша

museum

музей

sekolah

школа

kota - місто

universitas

університет

bank

банк

rumah sakit

лікарня

hotel

готель

farmasi

аптека

kantor

офіс

toko buku

книжковий магазин

toko

магазин

toko bunga

квітковий магазин

supermarket

супермаркет

pasar

ринок

toko serba ada

універмаг

nelayan

торговець рибою

pusat belanja

торговельний центр

pelabuhan

гавань

taman

парк

banku

лава

jembatan

міст

tangga

сходи

kereta bawah tanah

метро

terowongan

тунель

pemberhantian bis

автобусна зупинка

bar

бар

restauran

ресторан

kotak surat

поштова скринька

tanda jalan

вулична табличка

meteran parkir

лічильник паркування

kebun binatang

зоопарк

kolam renang

басейн

mesjid

мечеть

kota - місто

pertanian

ферма

polusi

забруднення навколишнього середовища

kuburan

кладовище

gereja

церква

tempat bermain

дитячий майданчик

pura

храм

pemandangan
ландшафт

daun
листок

penunjuk arah
вказівний стовп

jalanan
шлях

padang rumput
луг

batu
камінь

pohon
дерево

pejalak kaki
мандрівник

sungai
річка

rumput
трава

bunga
квітка

lembah

долина

bukit

гора

danau

озеро

hutan

ліс

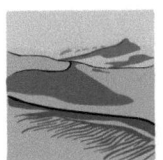

padang gurun

пустеля

gunung berapi

вулкан

istana

замок

pelangi

веселка

jamur

гриб

pohon palem

пальма

nyamuk

комар

lalat

муха

semut

мурашка

lebah

бджола

laba-laba

павук

kumbang
жук

kodok
жаба

tupai
вивірка

landak
їжак

kelinci
заєць

burung hantu
сова

burung
птах

angsa
лебідь

babi jantan
кабан

rusa
олень

rusa
лось

bendungan
гребля

turbin angin
вітряк

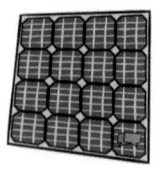

panel surya
сонячний модуль

iklim
клімат

restauran
ресторан

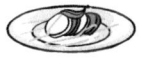

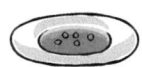

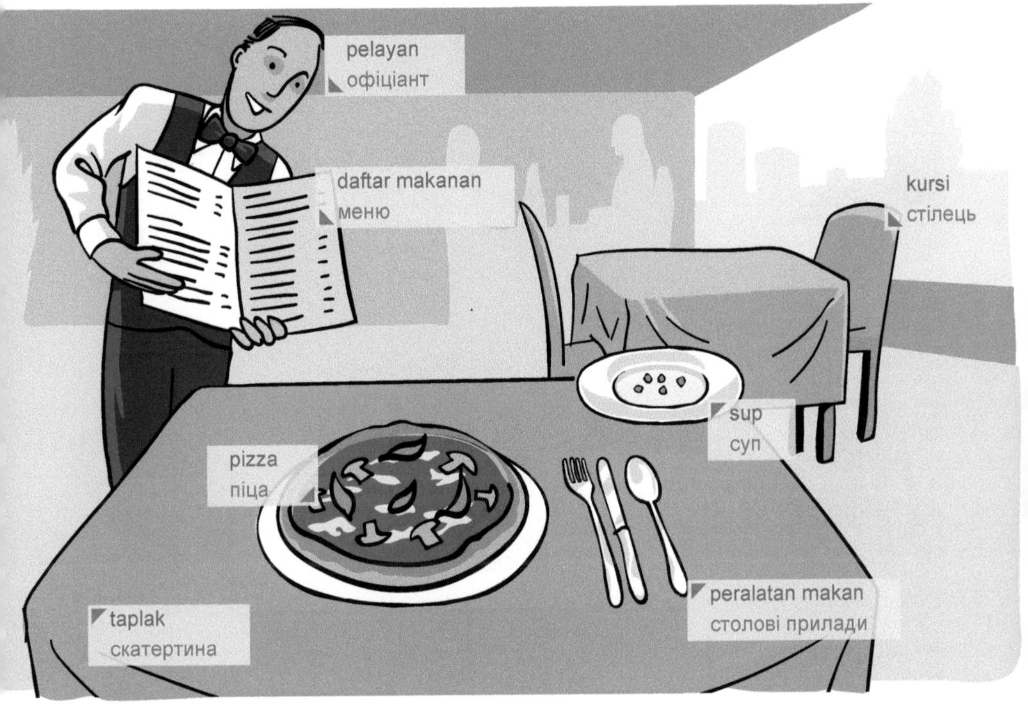
pelayan
офіціант
daftar makanan
меню
kursi
стілець
sup
суп
pizza
піца
taplak
скатертина
peralatan makan
столові прилади

hindangan pembuka

закуска

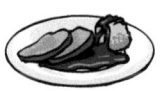

hidangan utama

друга страва

hidangan penutup

десерт

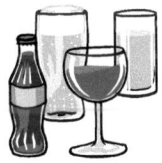

minuman

напої

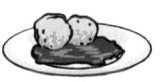

makanan

їжа

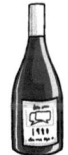

botol

пляшка

fastfood

фаст-фуд

masakan jalanan

вулична їжа

teko teh

чайник

kaleng gula

цукорниця

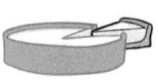

porsi

порція

mesin espresso

еспресо-машина

kursi tinggi

високий стільчик

tagihan

рахунок

baki

піднос

pisau

ніж

garpu

вилка

sendok

ложка

sendok teh

чайна ложка

serbet

серветка

gelas

склянка

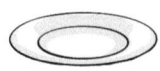

piring
тарілка

piring sup
тарілка для супу

lepek
блюдце

saus
соус

tempat garam
солонка

gilingan merica
млин для перцю

cuka
оцет

minyak
масло

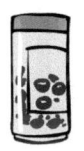

bumbu
спеції

saus tomat
кетчуп

mustar
гірчиця

mayones
майонез

supermarket

супермаркет

penawaran khusus
пропозиція
FOR
klien
клієнт
produk susu
молочні продукти
buah
фрукти
troli
візок для покупок

BUTCHERS

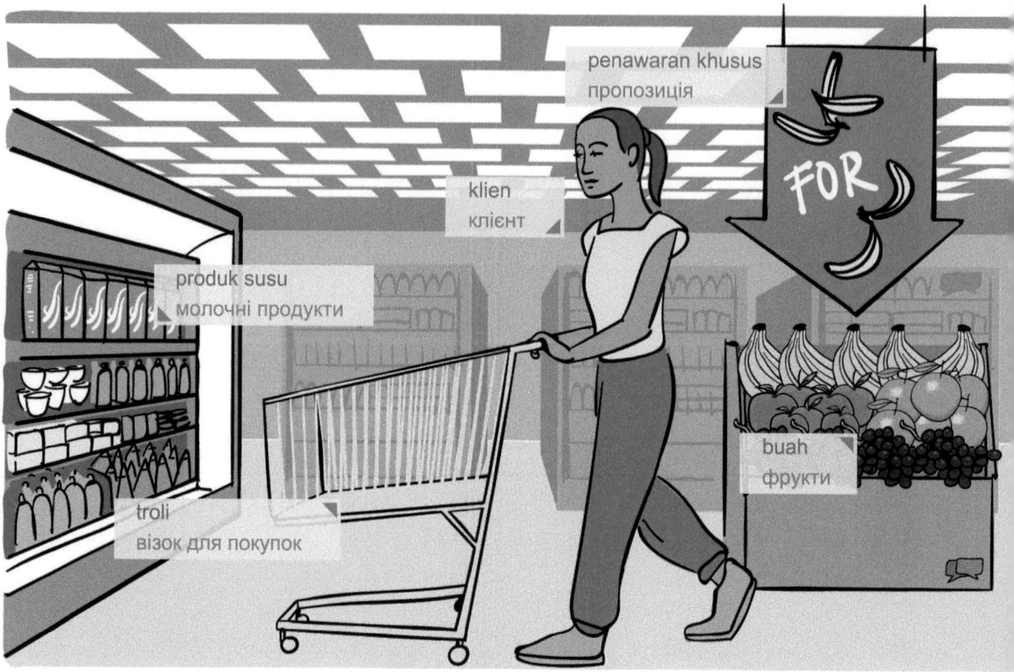

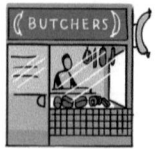

pembantai

м'ясний магазин

BAKERY

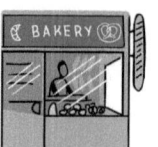

toko roti

пекарня

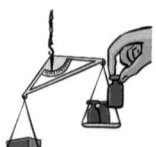

menimbang

зважувати

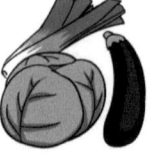

sayur

овочі

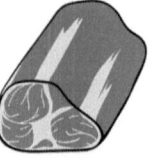

daging

м'ясо

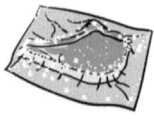

makanan beku

заморожені продукти

pemotongan dingin

ковбасна нарізка

makanan kaleng

консерви

sabun serbuk

пральний порошок

permen

солодощи

alat-alat rumah tangga

предмети домашнього побуту

obat pembersihan

мийний засіб

penjual

продавщиця

kasa

каса

kasir

касир

daftar belanja

список покупок

jam buka

часи роботи

dompet

гаманець

kartu kredit

кредитна картка

tas

сумка

kantong plastik

поліетиленовий пакет

air

вода

jus

сік

susu

молоко

cola

кола

anggur

вино

bir

пиво

alkohol

алкоголь

coklat

какао

teh

чай

kopi

кава

espresso

еспресо

cappucino

капучіно

pisang

банан

apel

яблуко

jeruk

апельсин

semangka

кавун

jeruk lemon

лимон

wortel

морква

bawang putih

часник

bambu

бамбук

bawang bombai

цибуля

jamur

гриб

kacang

горішки

mi

локшина

spagetti

спагеті

nasi

рис

salat

салат

kentang goreng

картопля фрі

kentang goreng

смажена картопля

pizza

піца

hamburger

гамбургер

sandwich

бутерброд

sayatan

шніцель

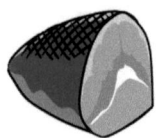

ham

шинка

salami

салямі

sosis

ковбаса

ayam

курка

menggoreng

печеня

ikan

риба

bubur gandum

вівсяні пластівці

sereal

мюслі

cornflakes

кукурудзяні пластівці

tepung

борошно

croissant

круасан

roti

булочка

roti

хліб

toast

тостовий хліб

biskuit

печиво

mentega

масло

dadih

сир

kue

пиріг

telur

яйце

telur goreng

яєчня

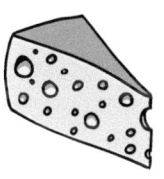

keju

сир

eskrim

морозиво

gula

цукор

madu

мед

selai

мармелад

krim nugat

нуга-крем

kare

карі

pertanian

ферма

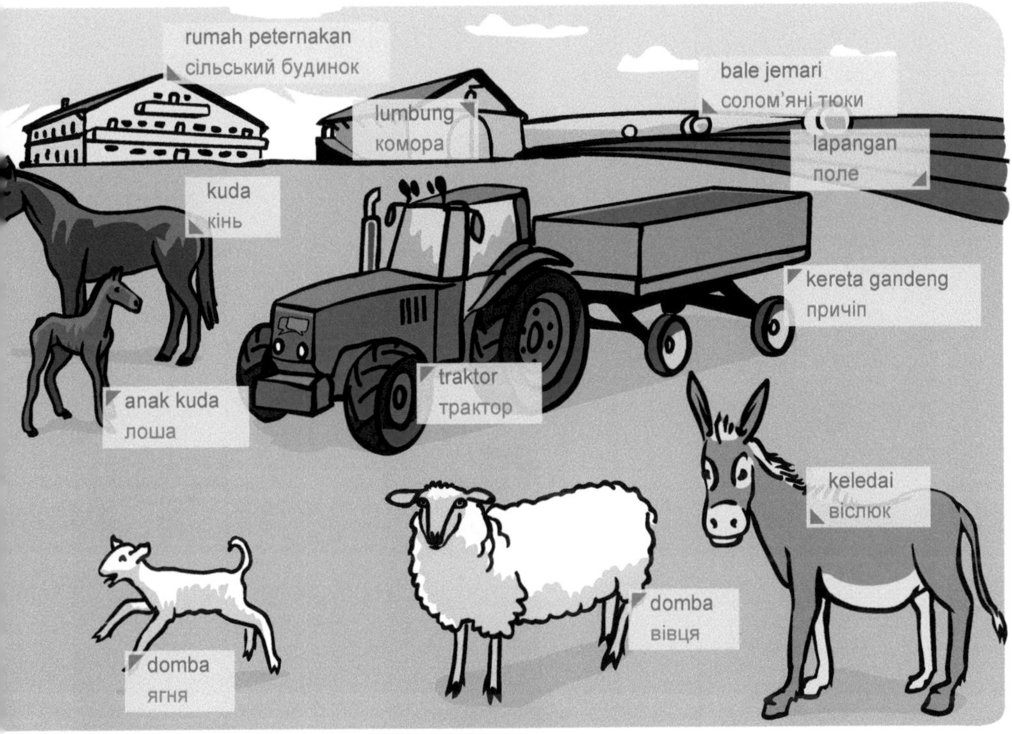
rumah peternakan
сільський будинок
bale jemari
солом'яні тюки
lumbung
комора
lapangan
поле
kuda
кінь
kereta gandeng
причіп
traktor
трактор
anak kuda
лоша
keledai
віслюк
domba
вівця
domba
ягня

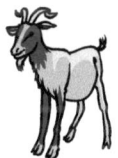

kambing

коза

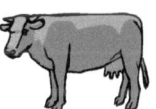

sapi

корова

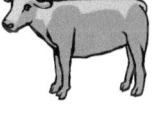

betis

теля

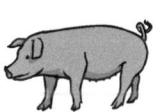

babi

свиня

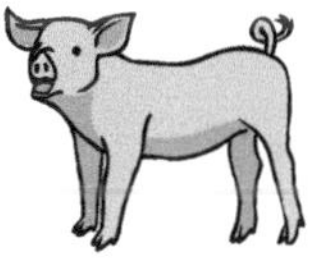

celeng

порося

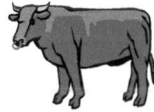

banteng

бик

angsa

гусак

bebek

качка

anak ayam

курча

ayam

курка

ayam jantan

півень

tikus

щур

kucing

кіт

tikus

миша

lembu

віл

anjing

собака

rumah anjing

собача будка

selang

садовий шланг

penyiram

лійка

sabit

коса

bajak

плуг

pertanian - ферма

sabit
серп

cangkul
мотика

garpu rumput
вила

kapak
сокира

gerobak
тачка

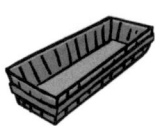

palung
корито

kaleng susu
бідон молока

karung
мішок

pagar
паркан

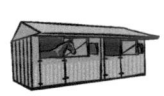

kandang
хлів

rumah kaca
теплиця

tanah
ґрунт

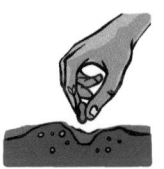

benih
насіння

pupuk
добриво

mesin pemanen
комбайн

panen

пожинати

panen

урожай

yams

корінь ямсу

gandum

пшениця

kedelai

соя

kentang

картопля

jagung

кукурудза

lobak

ріпак

pohon buah

плодове дерево

singkong

маніок

sereal

злаки

pertanian - ферма

rumah

дім

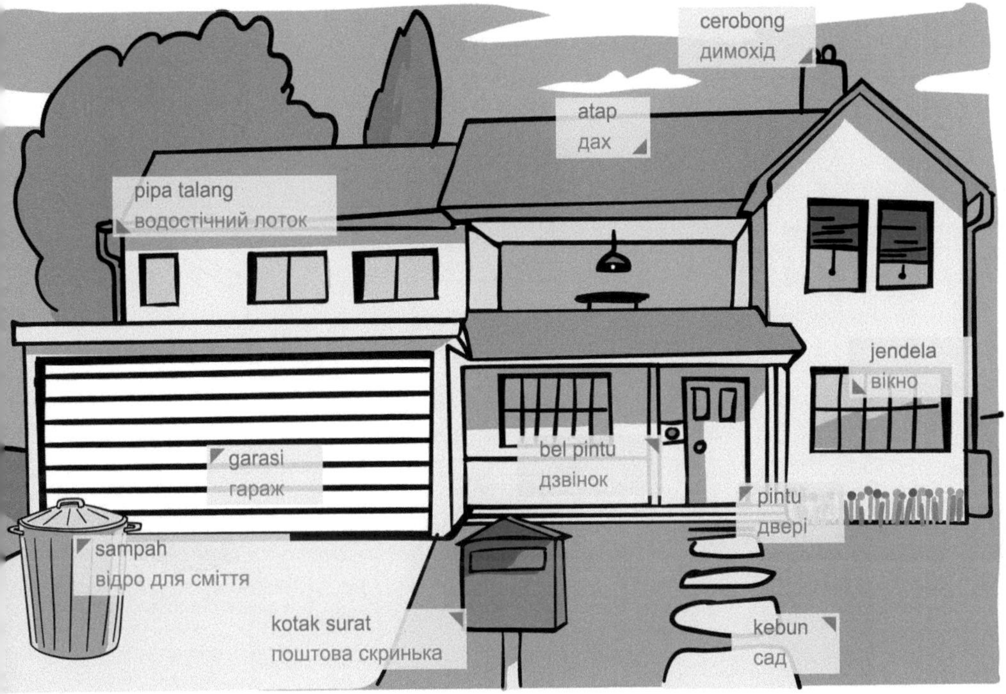
cerobong
димохід
atap
дах
pipa talang
водостічний лоток
jendela
вікно
garasi
гараж
bel pintu
дзвінок
pintu
двері
sampah
відро для сміття
kotak surat
поштова скринька
kebun
сад

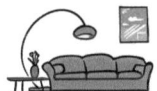

ruang tamu

вітальня

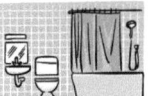

kamar mandi

ванна кімната

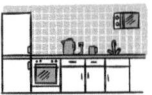

dapur

кухня

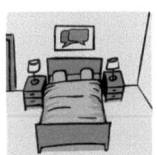

kamar tidur

спальня

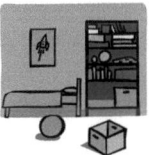

kamar anak

дитяча кімната

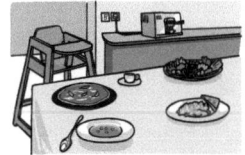

kamar makan

їдальня

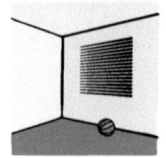

lantai

підлога

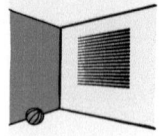

tembok

стіна

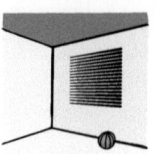

atap

стеля

gudang di bawah tanah

підвал

sauna

сауна

balkon

балкон

teras

тераса

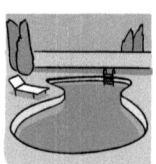

kolam renang

басейн

mesin pemotong rumput

косарка

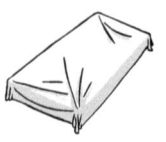

sprei

простирало

selimut

ковдра

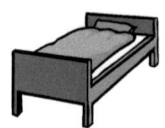

tempat tidur

ліжко

sapu

мітла

ember

відро

tombol

перемикач

ruang tamu
вітальня

kertas dinding
шпалери
gambar
малюнок
lampu
лампа
rak
поличка
kabinet
шафа
televisi
телевізор
perapian
камін
bunga
квітка
bantal
подушка
sofa
диван
vas
ваза
remote control
пульт

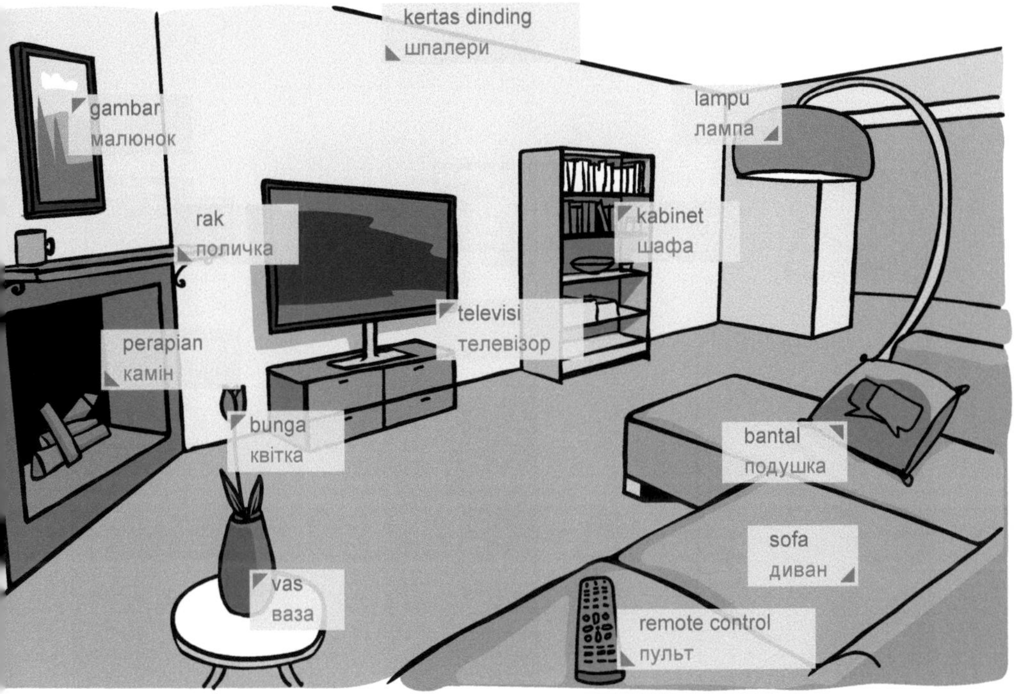

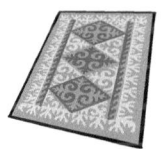

karpet

килим

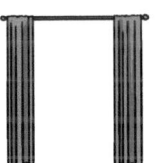

korden

завіса

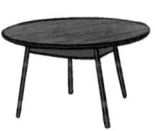

meja

стіл

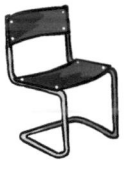

kursi

стілець

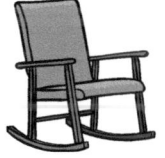

kursi goyang

крісло-гойдалка

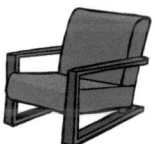

kursi malas

крісло

buku

книга

selimut

ковдра

dekorasi

прикраса

kayu bakar

дрова

filem

фільм

hi-fi

стереосистема

kunci

ключ

koran

газета

lukisan

картина

poster

плакат

radio

радіо

buku tulis

блокнот

penyedot debu

пилосос

kaktus

кактус

lilin

свічка

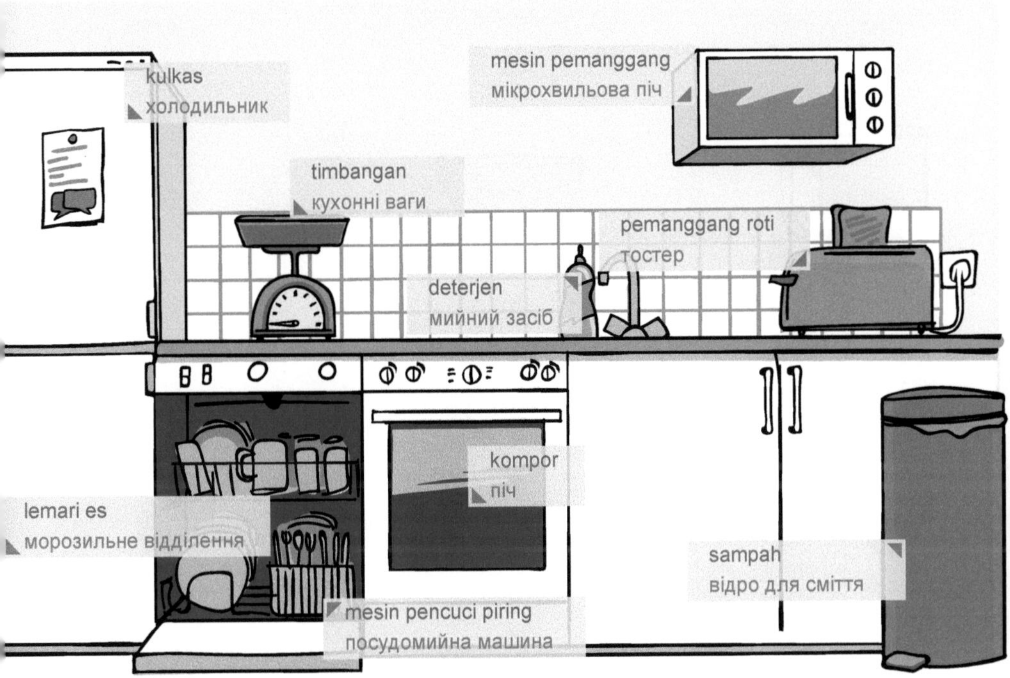

kulkas
холодильник

mesin pemanggang
мікрохвильова піч

timbangan
кухонні ваги

pemanggang roti
тостер

deterjen
мийний засіб

kompor
піч

lemari es
морозильне відділення

sampah
відро для сміття

mesin pencuci piring
посудомийна машина

kompor

плита

panci

горщик

panci besi

чавунний горщик

wajan

вок / кадай

panci

сковорода

pemanas air

чайник

panci pengukus makanan

пароварка

nampan

лист

piring

посуд

cangkir

кухоль

mangkok

чаша

sumpit

палички для їжі

sendok sup

черпак

sudip

лопатка

mengocok

вінчик для збивання

saringan

сито

saringan

сито

parutan

терка

mortir

ступка

barbeque

барбекю

api terbuka

багаття

papan memotong

дошка

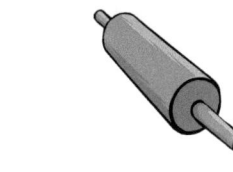

gilingan

качалка

alat pembuka botol

штопор

kaleng

конзерва

pembuka kaleng

відкривачка

pegangan panci

прихватки

wastafel

раковина

sikat

щітка

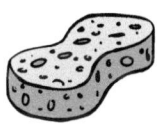

busa

губка

mesin pencampur

міксер

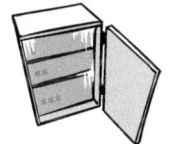

lemari es

морозильна камера

botol bayi

дитяча пляшка

keran

кран

kamar mandi
ванна кімната

mandi
душ
mesin pemanas
опалення
handuk
рушник
tirai kamar mandi
душова завіса
mandi busa
пiниста ванна
bak mandi
ванна
gelas
склянка
mesin cuci
пральна машина
keran
кран
ubin
плитка
pispot
горшок
wastafel
раковина

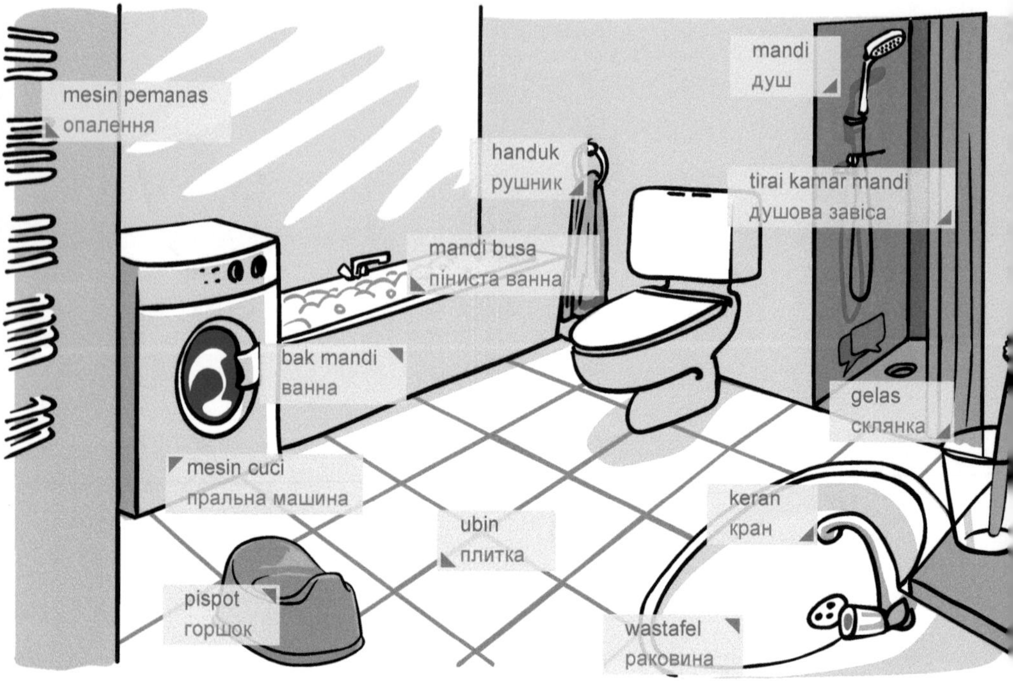

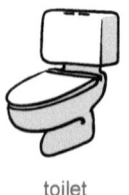

toilet

туалет

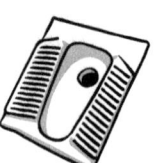

toilet jongkok

підлоговий туалет

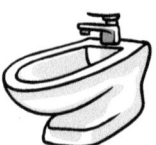

bidet

біде

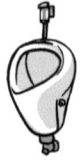

pissoir

пісуар

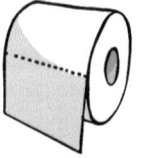

kertas toilet

туалетний папір

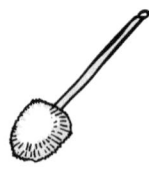

sikat toilet

щітка для туалету

sikat gigi

зубна щітка

pasta gigi

зубна паста

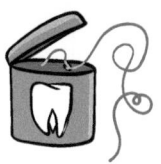

benang gigi

нитка для чищення зубів

menyuci

мити

pancuran tangan

ручний душ

pancuran

інтимний душ

bak

таз

sikat punggung

щітка для спини

sabun

мило

gel mandi

гель для душу

sampo

шампунь

planel

мочалка

kuras

водостік

krim

крем

deodoran

дезодорант

kaca
дзеркало

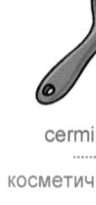

cermin tangan
косметичне дзеркало

pisau cukur
бритва

busa cukur
піна для гоління

aftershave
лосьйон після гоління

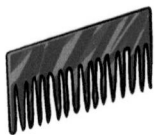

sisir
гребінь

sikat
щітка

alat pengering rambut
фен

semprot rambut
лак для волосся

makeup
косметика

lipstik
губна помада

cat kuku
лак для нігтів

kapas
вата

gunting kuku
ножиці для нігтів

minyak wangi
парфум

kantong pencuci

косметичка

bangku

табурет

timbangan

ваги

mantel mandi

халат

sarung tangan karet

гумові рукавички

tampon

тампон

handuk pembalut

гігієнічні прокладки

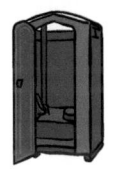

toilet kimia

біотуалет

kamar anak

дитяча кімната

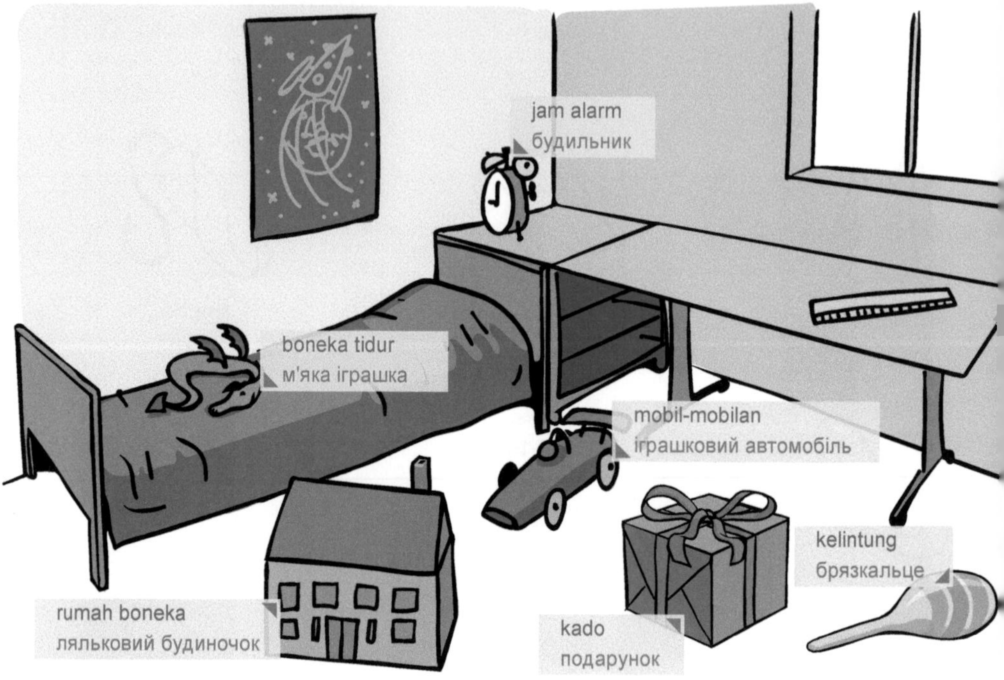
jam alarm
будильник
boneka tidur
м'яка іграшка
mobil-mobilan
іграшковий автомобіль
kelintung
брязкальце
rumah boneka
ляльковий будиночок
kado
подарунок

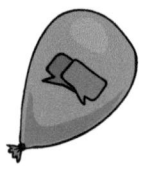

balon

повітряна кулька

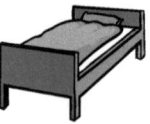

tempat tidur

ліжко

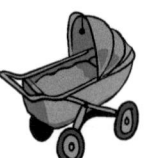

kereta bayi

дитячий візок

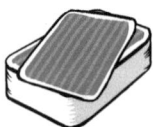

mainan kartu

картярська гра

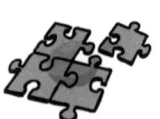

teka-teki

пазл

komik

комікс

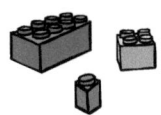

mainan lego

лего цеглинки

blok mainan

блоки

figur aksi

іграшкова фігурка

baju monyet

повзунки

frisbee

фризбі

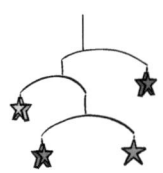

mobile

мобіле

permainan papan

настільна гра

dadu

кубик

set model kreta api

модель залізнична станція

dot

соска

pesta

вечірка

buku gambar

книжка з картинками

bola

м'яч

boneka

лялька

bermain

грати

tempat main pasir

пісочниця

ayunan

гойдалка

mainan

іграшка

video game konsol

гральна консоль

sepeda roda tiga

триколісний велосипед

teddy

плюшевий мішка

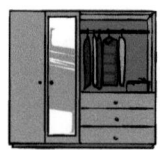

lemari pakaian

шафа

pakaian

одяг

kaos kaki

шкарпетки

kaos kaki

панчохи

baju ketat

колготки

syal
шарф

sabuk
ремінь

payung
парасоля

kaos
футболка

sepatu bot
чоботи

sandal
домашнє взуття

sepatu
кросівки

sandal
сандалі

sepatu
взуття

sepatu bot karet
гумові чоботи

celana dalam
труси

BH
бюстгальтер

baju rompi
нижня сорочка

body

боді

celana

штани

jeans

джинси

rok

спідниця

blus

блузка

kemeja

сорочка

aket berkerudung

пуловер

sweater

светр

jaket

піджак

jaket

куртка

mantel

пальто

jas hujan

дощовик

kostum

костюм

gaun

сукня

gaun pengantin

весільна сукня

setelan resmi

костюм

gaun tidur

нічна сорочка

piyama

піжама

sari

сарі

jilbab

головна хустка

turban

чалма

burka

бурка

kaftan

кафтан

abaya

абая

pakaian renang

купальник

celana renang

плавки

celana pendek

шорти

olah raga

тренувальний костюм

celemek

фартух

sarung tangan

рукавички

kancing

гудзик

kacamata

окуляри

gelang

браслет

kalung

ланцюг

cincin

кільце

anting

сережка

topi

шапка

gantungan mantel

плічка

topi

капелюх

dasi

краватка

ritsleting

застібка-блискавка

helm

шолом

tali selempang

підтяжки

seragam sekolah

шкільна форма

seragam

уніформа

pakaian - одяг

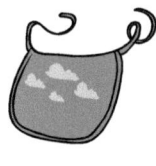

oto

нагрудник

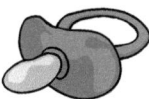

dot

соска

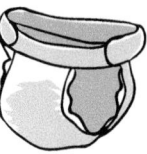

popok

підгузок

kantor

офіс

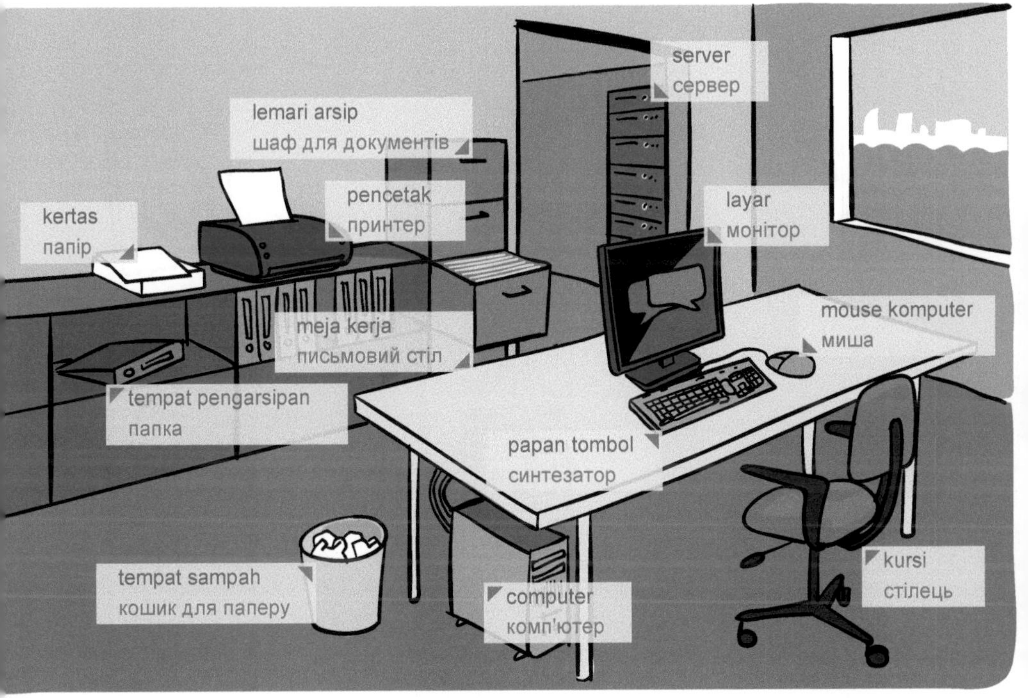

server
сервер
lemari arsip
шаф для документів
pencetak
принтер
kertas
папір
layar
монітор
mouse komputer
миша
meja kerja
письмовий стіл
tempat pengarsipan
папка
papan tombol
синтезатор
kursi
стілець
tempat sampah
кошик для паперу
computer
комп'ютер

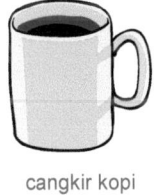

cangkir kopi

кавовий кухоль

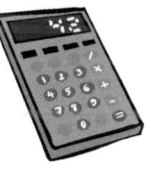

kalkulator

калькулятор

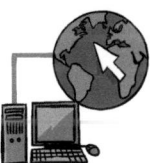

internet

інтернет

laptop

ноутбук

surat

лист

pesan

повідомлення

telepon seluler

мобільний телефон

jaringan

мережа

fotokopi

копіювальний пристрій

software

програмне забезпечення

telepon

телефон

plug soket

розетка

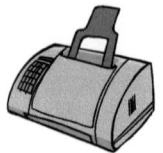

mesin fax

факс

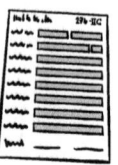

formulir

бланк

dokumen

документ

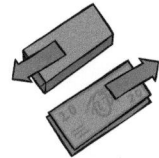

membeli

купувати

membayar

платити

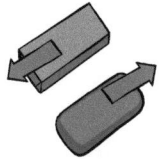

berdagang

торгувати

uang

гроші

Dollar

долар

Euro

євро

Yen

ієна

Rubel

рубль

Franc Swiss

франк

Renminbi Yuan

юанів женьміньбі

Rupiah

рупія

ATM

банкомат

kantor pertukaran mata uang

обмінний пункт

emas

золото

perak

срібло

minyak

нафта

energi

енергія

harga

ціна

kontrak

контракт

pajak

податок

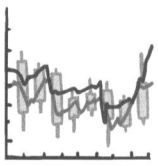

saham

акція

bekerja

працювати

karyawan

працівник

majikan

роботодавець

pabrik

фабрика

toko

магазин

ekonomi - економіка

pekerjaan
професії

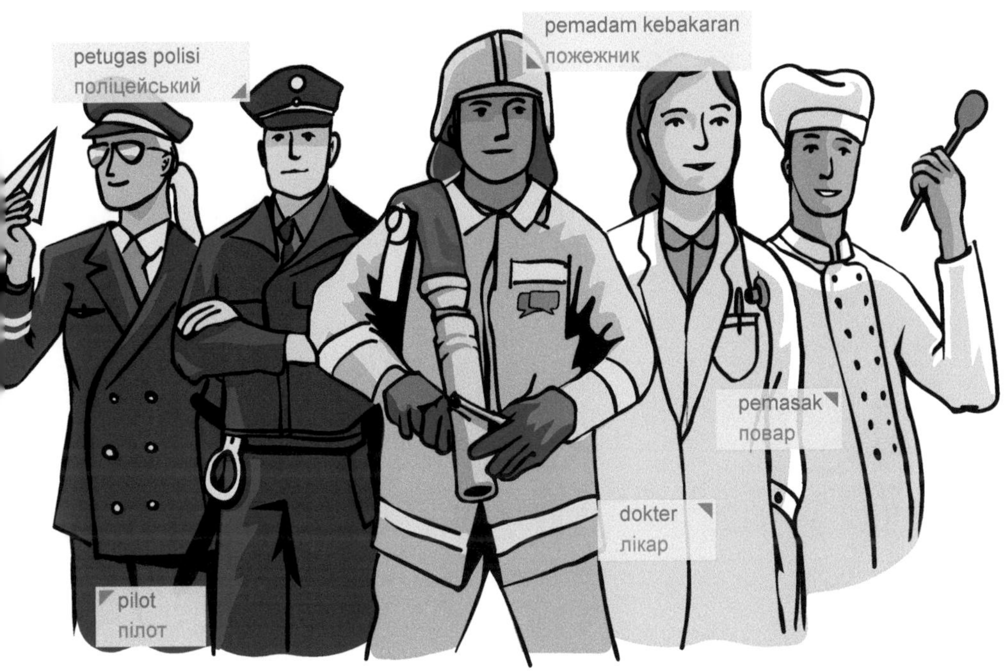
petugas polisi
поліцейський
pemadam kebakaran
пожежник
pemasak
повар
dokter
лікар
pilot
пілот

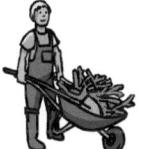

tukan kebun

садівник

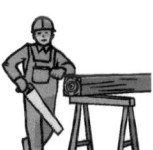

tukang kayu

столяр

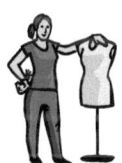

penjahit wanita

швачка

hakim

суддя

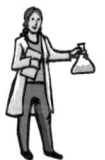

ahli kimia

хімік

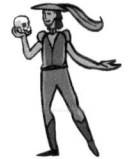

aktor

актор

sopir bis

водій автобуса

sopir taksi

таксист

nelayan

рибалка

pembantu

прибиральниця

tukang atap

покрівельник

pelayan

офіціант

pemburu

мисливець

pelukis

художник

tukang roti

пекар

tukang listrik

електрик

pembangun

будівельник

insinyur

інженер

tukang daging

забійник

tukang ledeng

бляхар

tukang pos

листоноша

tentara

солдат

arsitek

архітектор

kasir

касир

penjual bunga

флорист

penata rambut

перукар

konduktor

кондуктор

montir

механік

kapten

капітан

dokter gigi

дантист

ilmuwan

вчений

rabbi

рабин

imam

імам

biarawan

монах

pendeta

пастор

alat

інструменти

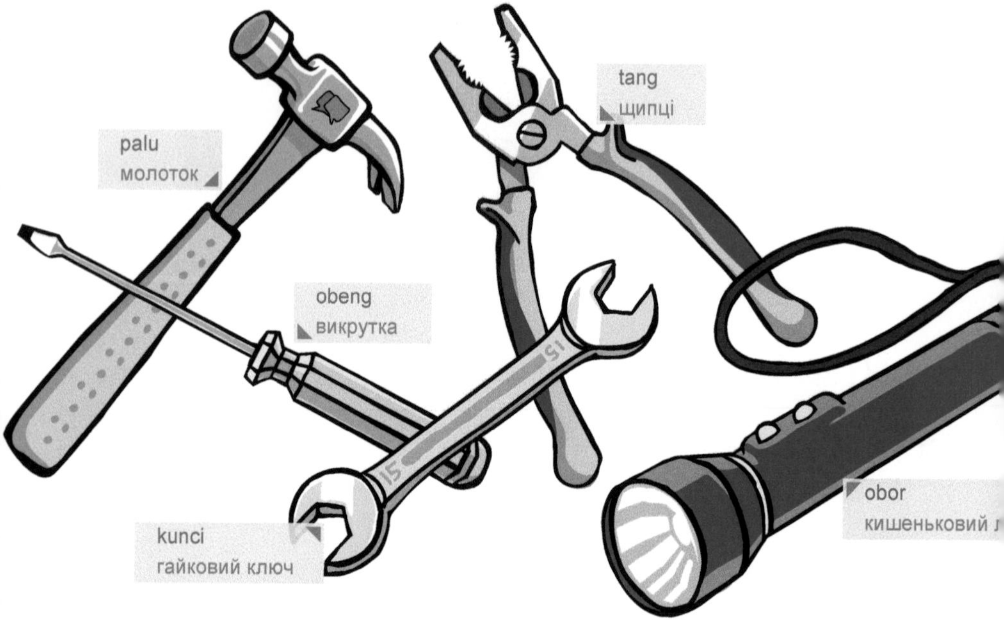
palu
молоток
tang
щипці
obeng
викрутка
kunci
гайковий ключ
obor
кишеньковий л

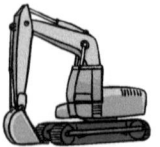

penggali

екскаватор

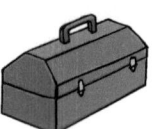

tas perkakas

ящик для інструментів

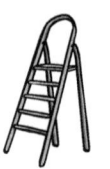

tangga

драбина

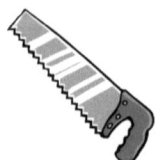

gergaji

пилка

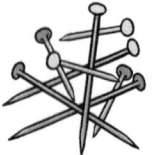

paku

цвяхи

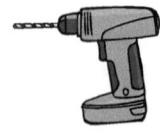

bor

свердло

perbaikan

ремонтувати

sekop

лопата

Sialan!

лайно!

cikrak

совок

pot cat

відро з фарбою

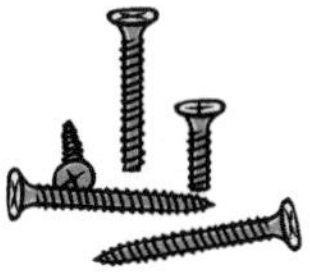

sekrup

гвинти

alat musik

музичні інструменти

pengeras suara
динамік

alat drum
ударна установка

gitar
рітара

bas
контрабас

trompet
труба

piano

фортепіано

violin

скрипка

bass

бас

tambur

литаври

drum

барабан

keyboard

клавіатура

saksofon

саксофон

suling

флейта

mikrofon

мікрофон

alat musik - музичні інструменти

macan
тигр

pintu masuk
вхід

kandang
клітка

sebra
зебра

pakan ternak
корм

panda
панда

hewan

тварини

gajah

слон

kanguru

кенгуру

badak

носоріг

gorila

горила

beruang

ведмідь

unta

верблюд

burung unta

страус

singa

лев

monyet

мавпа

flamingo

фламінго

burung beo

папуга

beruang polar

білий ведмідь

penguin

пінгвін

hiu

акула

merak

павич

ular

змія

buaya

крокодил

penjaga kebun binatang

працівник зоопарку

segel

тюлень

jaguar

ягуар

kuda poni

поні

macan tutul

леопард

kuda nil

гіпопотам

jerapah

жираф

burung elang

орел

babi jantan

кабан

ikan

риба

kura-kura

черепаха

anjing laut

морж

rubah

лисиця

kijang

газель

american football
американський футбол

naik sepeda
їзда на велосипеді

tennis
теніс

basketbal
баскетбол

bernang
плавання

tinju
бокс

hoki es
хокей

sepak bola
футбол

badminton
бадмінтон

atletik
легка атлетика

bola tangan
гандбол

main ski
лижні перегони

polo
поло

meloncat
стрибати

ketawa
сміятися

memeluk
обіймати

berjalan
йти

menyanyi
співати

mengimpi
мріяти

berdoa
молитися

mencium
цілувати

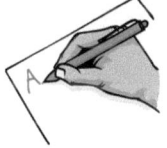

menulis
писати

melukis
малювати

menunjuk
показувати

mendorong
тиснути

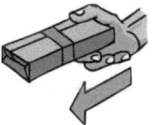

memberikan
давати

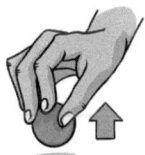

mengambil
брати

mempunyai

мати

melakukan

робити

adalah

бути

berdiri

стояти

berlari

бігати

menarik

тягнути

melempar

кидати

jatuh

падати

tidur

лежати

menunggu

очікувати

membawa

носити

duduk

сидіти

berpakaian

одягати

tidur

спати

bangun

просипатися

melihat

дивитися

menangis

плакати

mengelus

гладити

menyisir

розчісувати

berbicara

розмовляти

mengerti

розуміти

menanyak

питати

mendengar

слухати

minum

пити

makan

їсти

merapikan

прибирати

cinta

любити

memasak

варити

menyetir

їхати

terbang

літати

aktivitas - дії

berlayar

йти під вітрилом

menghitung

рахувати

membaca

читати

belajar

вчитися

bekerja

працювати

menikah

одружуватися

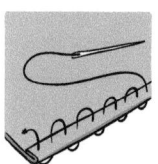

menjahit

шити

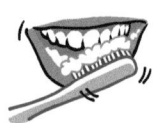

sikat gigi

чистити зуби

membunuh

убивати

merokok

курити

kirim

посилати

nenek
бабуся

kakek
дідуся

bapak
батько

ibu
мати

bayi
немовля

putri
донька

putra
син

tamu

гість

bibi

тітка

paman

дядько

kakak laki

брат

kakak perempuan

сестра

badan

тіло

dahi
чоло
mata
око
bahu
плече
jari
палець
muka
обличчя
dagu
підборіддя
tangan
кисть
payudara
груди
kaki
нога
lengan
рука

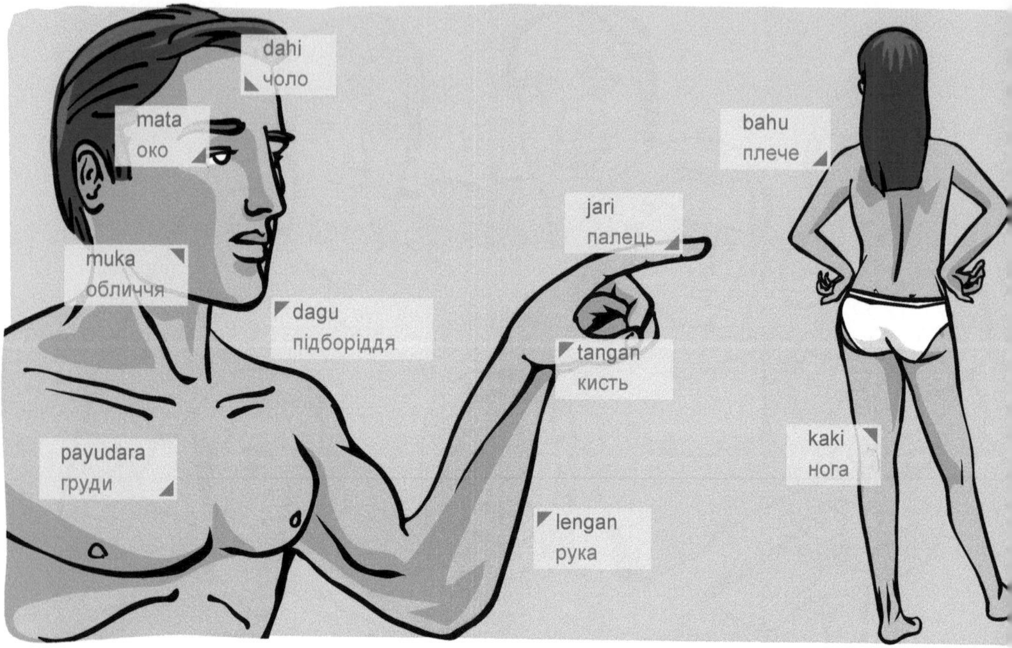

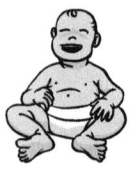

bayi

немовля

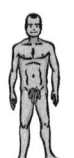

pria

чоловік

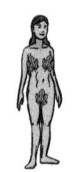

wanita

жінка

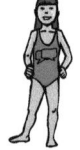

perempuan

дівчина

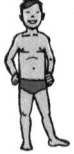

laki

хлопчик

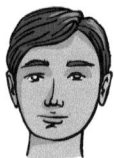

kepala

голова

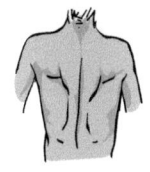

punggung

спина

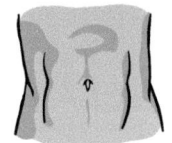

perut

живіт

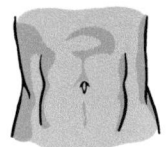

pusar

пуп

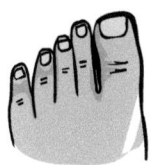

toe

палець ноги

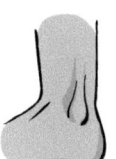

tumit

п'ята

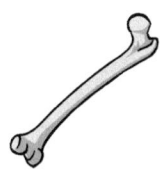

tulang

кістка

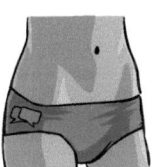

pinggang

стегно

lutut

коліно

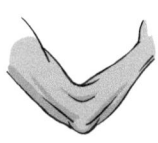

siku

лікоть

hidung

ніс

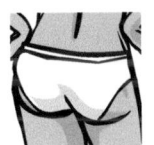

pantat

сідниці

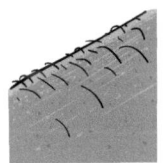

kulit

шкіра

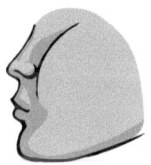

pipi

щока

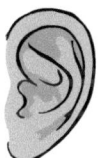

telinga

вухо

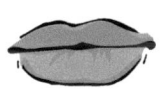

bibir

губа

mulut

рот

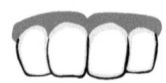

gigi

зуб

lidah

язик

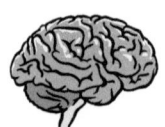

otak

мозок

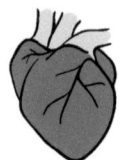

jantung

серце

otot

м'яз

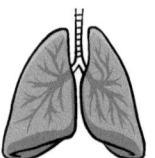

paru-paru

легені

hati

печінка

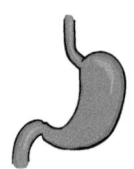

stomach

шлунок

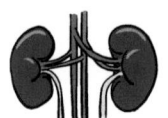

ginjal

нирки

hubungan seks

статевий акт

kondom

презерватив

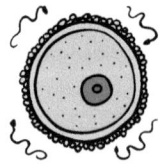

sel telur

яйцеклітина

sperma

сперма

kehamilan

вагітність

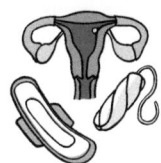

menstruasi

менструація

vagina

вагіна

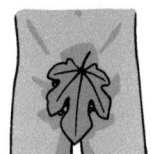

penis

пеніс

alis

брова

rambut

волосся

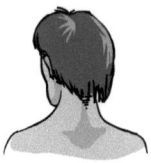

leher

шия

rumah sakit
лікарня

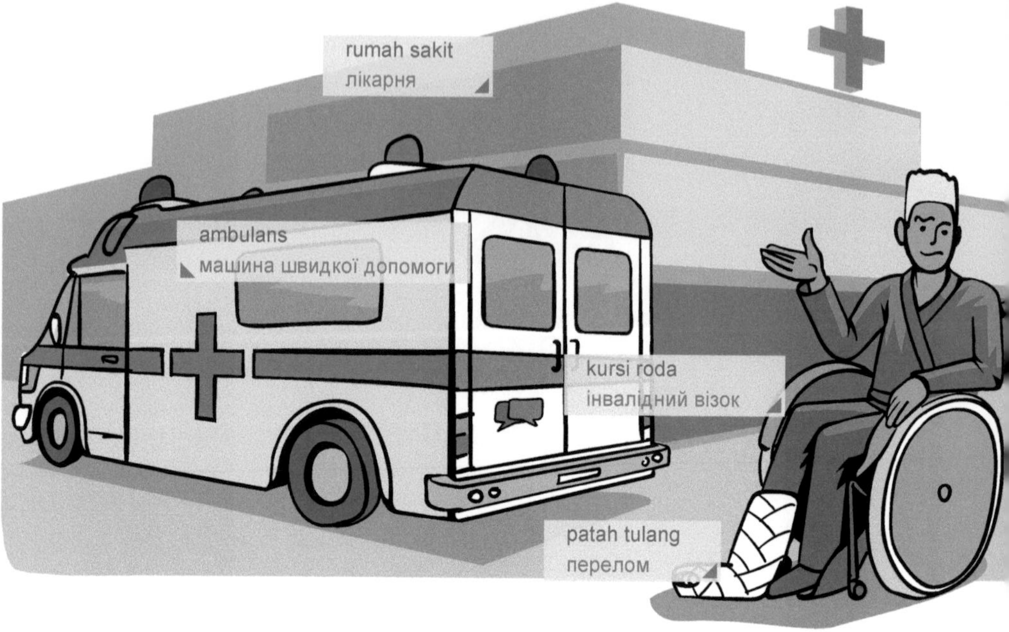

rumah sakit
лікарня
ambulans
машина швидкої допомоги
kursi roda
інвалідний візок
patah tulang
перелом

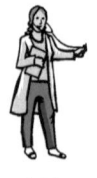

dokter

лікар

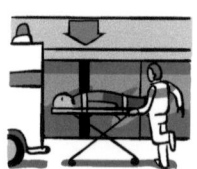

ruang darurat

відділення швидкої медичної допомоги

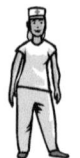

perawat

медсестра

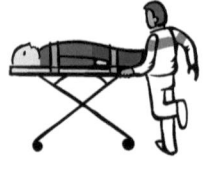

darurat

аварійний випадок

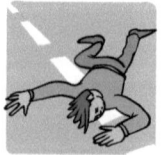

semaput

непритомний

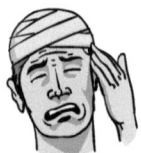

sakit

біль

cedera

травма

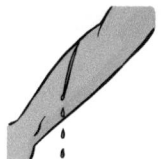

perdarahan

кровотеча

serangan jantung

інфаркт

stroke

інсульт

alergi

алергія

batuk

кашель

demam

лихоманка

flu

грип

diare

пронос

sakit kepala

головна біль

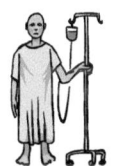

kanker

рак

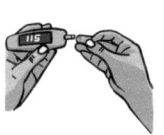

diabetes

діабет

ahli bedah

хірург

pisau bedah

скальпель

operasi

операція

CT
КТ

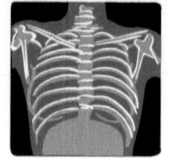

sinar x
рентген

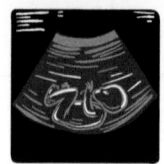

usg
ультразвук

topeng
маска

penyakit
хвороба

ruang tunggu
зал очікування

penyokong
милиця

plester
пластир

perban
пов'язка

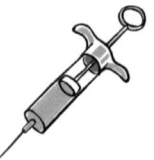

injeksi
ін'єкція

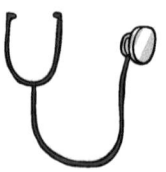

stetoskop
стетоскоп

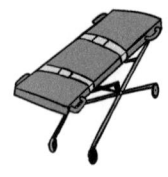

usungan
ноші

termometer klinis
термометр

kelahiran
народження

kelebihan berat badan
надмірна вага

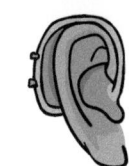

alat pendengar

слуховий апарат

desinfektan

дезінфікуючий засіб

infeksi

інфекція

virus

вірус

HIV / AIDS

ВІЛ / СНІД

obat

медицина

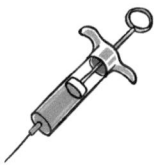

vaksinasi

вакцинація

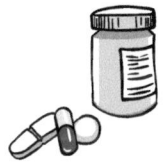

tablet

таблетки

pil

протизаплідна пігулка

panggilan darurat

екстрений виклик

ukur tekanan darah

тонометр

sakit / sehat

хворий / здоровий

Tolong!

Допоможіть!

alarm

сигнал тривоги

penyerbuan

напад

serangan

атака

bahaya

небезпека

pintu darurat

аварійний вихід

Api!

Вогонь!

alat pemadam kebakaran

вогнегасник

kecelakaan

аварія

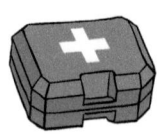

kit pertolongan pertama

аптечка

SOS

СОС

polisi

поліція

Eropa

Європа

Amerika Utara

Північна Америка

Amerika Selatan

Південна Америка

Afrika

Африка

Asia

Азія

Australi

Австралія

Atlantik

Атлантика

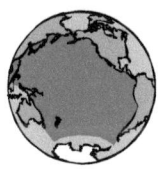

Pasifik

Тихий океан

Samudra India

Індійський океан

Samudra Antartika

Антарктичний океан

Samudra Arktik

Північний Льодовитий
океан

kutub utara

Північний полюс

kutub selatan

Південний полюс

Antarktika

Антарктика

bumi

Земля

tanah

суша

laut

море

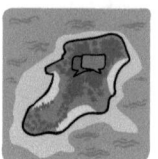

pulau

острів

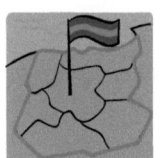

bangsa

нація

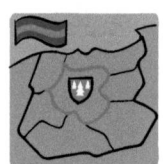

negara

держава

jam wajah

циферблат

jarum pendek

годинникова стрілка

jarum menit

хвилинна стрілка

jarum detik

секундна стрілка

Jam berapa?

Котра година?

hari

день

waktu

час

sekarang

зараз

jam digital

цифровий годинник

menit

хвилина

jam

година

minggu

тиждень

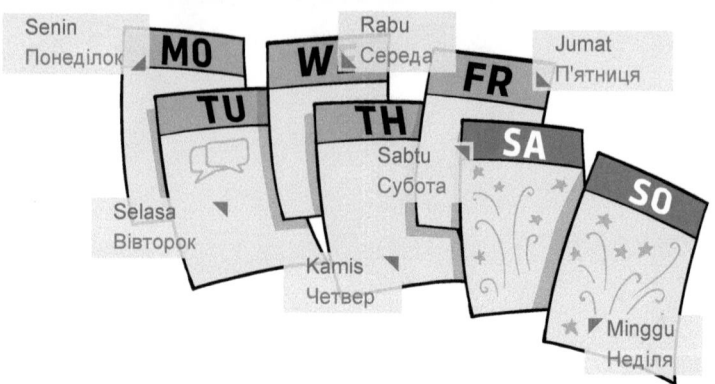

Senin
Понеділок

Rabu
Середа

Jumat
П'ятниця

Selasa
Вівторок

Sabtu
Субота

Kamis
Четвер

Minggu
Неділя

kemaren

вчора

hari ini

сьогодні

besok

завтра

pagi

ранок

siang

опівдні

malam

вечір

hari kerja

робочі дні

akhir minggu

кінець робочого тижня

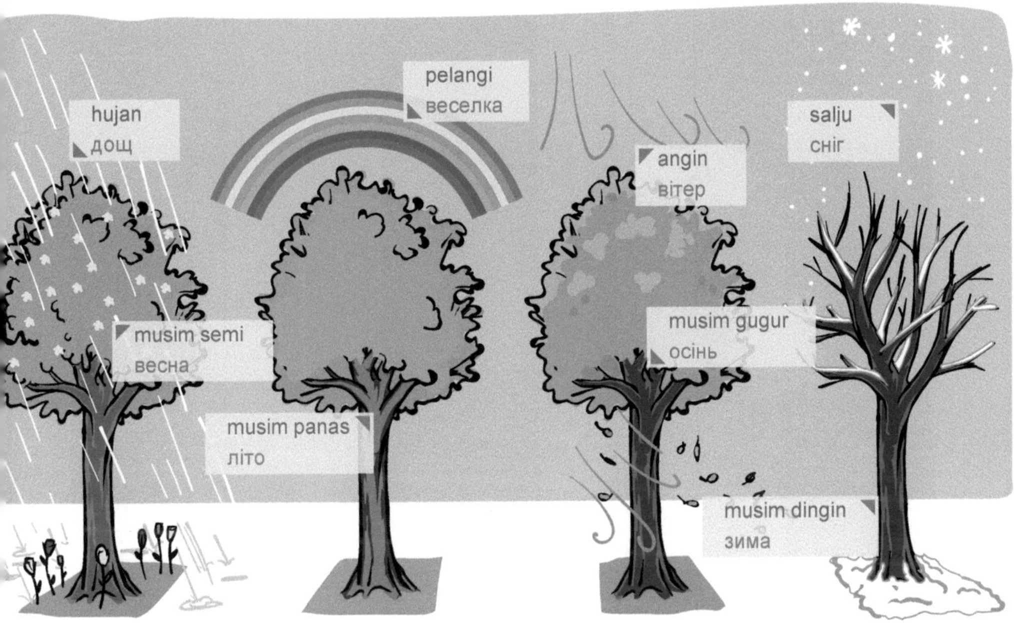

hujan
дощ
pelangi
веселка
angin
вітер
salju
сніг
musim semi
весна
musim panas
літо
musim gugur
осінь
musim dingin
зима

4.APRIL 11°
5.APRIL 4°
6.APRIL 13°
7.APRIL 8°
8.APRIL 10°

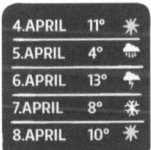

ramalan cuaca
прогноз погоди

F
C
120
90
60
30
0
-30
40
30
20
10
0
-10
-20

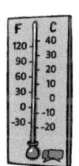

termometer
термометр

matahari
сонячне світло

awan
хмара

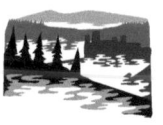

kabut
туман

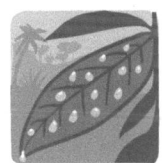

kelembahan
вологість повітря

kilat

блискавка

guntur

грім

badai

шторм

hujan es

град

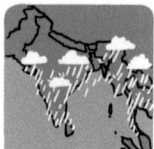

monsun

мусон

banjir

повінь

es

лід

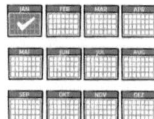

Januari

Січень

Februari

Лютий

Maret

Березень

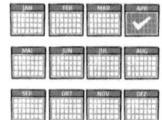

April

Квітень

Mei

Травень

Juni

Червень

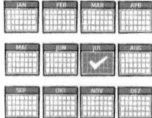

Juli

Липень

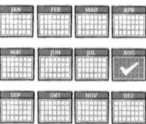

Agustus

Серпень

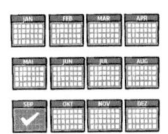

September
Вересень

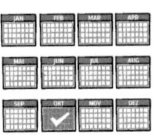

Oktober
Жовтень

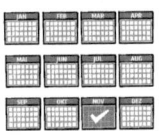

November
Листопад

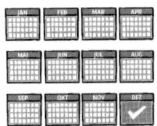

Desember
Грудень

bentuk
форми

lingkaran
круг

persegi
квадрат

persegi panjang
прямокутник

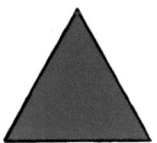

segi tiga
трикутник

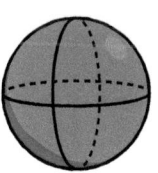

bola
куля

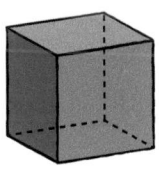

kubus
куб

putih

білий

kuning

жовтий

oranye

помаранчевий

pink

рожевий

merah

червоний

ungu

фіолетовий

biru

синій

hijau

зелений

coklat

коричневий

abu-abu

сірий

hitam

чорний

banyak / sedikit

багато / мало

marah / tenang

лютий / мирний

cantik / jelek

гарний / бридкий

mulaih / selesai

початок / кінець

besar / kecil

великий / малий

terang / gelap

світлий / темний

audara laki-laki / saudara perempuan

брат / сестра

bersih / kotor

чистий / брудний

lengkap / tidak lengkap

завершений / незавершений

hari / malam

день / ніч

mati / hidup

мертвий / живий

luas / sempit

широкий / вузький

dapat dimakan / tidak dapat dimakan

їстівний / неїстівний

jahat / baik

злий / дружній

bersemangat / bosan

збуджений / нудьгуючий

gemuk / kurus

товстий / тонкий

pertama / terakhir

спочатку / востаннє

teman / musuh

друг / ворог

penuh / kosong

повний / порожній

keras / lembut

жорсткий / м'який

berat / enteng

важкий / легкий

lapar / haus

голод / спрага

sakit / sehat

хворий / здоровий

ilegal / legal

незаконний / законний

cerdas / bodoh

розумний / дурний

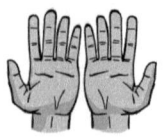

kiri / kanan

вліво / вправо

dekat / jauh

поруч / далеко

baru / bekas

новий / використаний

tidak ada apapun / sesuatu

нічого / щось

tua / muda

старий / молодий

nyala / mati

вкл / викл

buka / tutup

відкрито / закрито

tenang / keras

тихо / гучно

kaya / miskin

багатий / бідний

benar / salah

правильно / неправильно

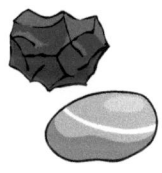

kasar / halus

шорсткий / гладкий

sedih / gembira

сумний / щасливий

pendek / panjang

короткий / довгий

pelan-pelan / cepat

повільно / швидко

basah / kering

вологий / сухий

hangat / sejuk

гарячий / холодний

perang / damai

війна / мир

0

nol

нуль

1

satu

один

2

dua

два

3

tiga

три

4

empat

чотири

5

lima

п'ять

6

enam

шість

7

tujuh

сім

8

delapan

вісім

9

sembilan

дев'ять

10

sepuluh

десять

11

sebelas

одинадцять

12

duabelas
дванадцять

13

tigabelas
тринадцять

14

empatbelas
чотирнадцять

15

limabelas
п'ятнадцять

16

enambelas
шістнадцять

17

tujuhbelas
сімнадцять

18

delapanbelas
вісімнадцять

19

sembilanbelas
дев'ятнадцять

20

duapuluh
двадцять

100

seratus
сто

1.000

seribu
тисяча

1.000.000

juta
мільйон

Inggris

англійська

bahasa Inggris Amerika

американська англійська

bahasa Cina Mandarin

китайська
високочиновницька

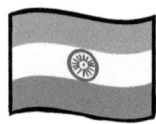

bahasa Hindi

хінді

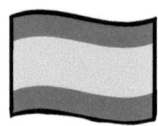

bahasa Spanyol

іспанська

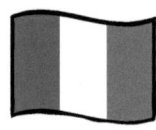

bahasa Perancis

французька

bahasa Arab

арабська

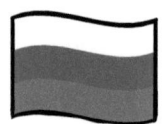

bahasa Rusia

російська

bahasa Portugis

португальська

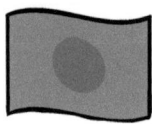

bahasa Bengal

бенгальська

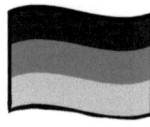

bahasa Jerman

німецька

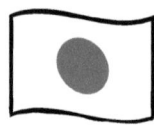

bahasa Jepang

японська

saya

я

kamu

ти

dia

він / вона / воно

kita

ми

kalian

ви

mereka

вони

siapa?

хто?

apa?

що?

begaimana?

як?

dimana?

де?

kapan?

коли?

nama

ім'я

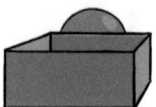

dibelakang

ззаду

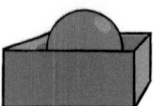

di

в

didepan

перед

diatas

над

diatas

на

dibawah

під

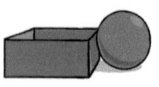

sebelah

біля

di antara

між

tempat

місце